자두의 과학일기

자두의 과학일기 [인공 지능]

2018년 11월 30일 초판 1쇄 발행
2022년 11월 25일 초판 5쇄 발행

글 | 서지원
그림 | 최호정, 이수현

발행인 | 정동훈
편집인 | 여영아
편집 | 김지현, 김학림, 김상범, 김지수, 변지현
디자인 | 장현순
제작 | 김종훈
발행처 | ㈜학산문화사
등록 | 1995년 7월 1일 제3-632호
주소 | 서울 동작구 상도로 282 학산빌딩
전화 | 편집 문의 02-828-8873 영업 문의 02-828-8962
팩스 | 02-823-5109
홈페이지 | www.haksanpub.co.kr

ⓒ이빈, 서지원, 최호정 2018
ISBN 979-11-6330-174-5 74400
ISBN 979-11-256-5033-1 (세트)

※KC마크는 이 제품이 공통안전기준에 적합하였음을 의미합니다.
※이 책은 저작권법에 따라 한국 내에서 보호받는 저작물이므로 무단 전재와 무단 복제를 금합니다.
    이 책의 전부 또는 일부를 이용하려면 반드시 저작권자와 출판사의 동의를 받아야 합니다.
※잘못된 책은 바꾸어 드립니다.

안녕 자두야 과학일기

자두가 가장 궁금해하는
인공 지능 상식 25가지

[인공 지능]

채우리

| 머리말 |

사람이 하는 일을 '인공 지능'이 대신한다고?

지금 세상은 굉장히 빨리 발전하고 있어요.

2030년이 되면 제4차 산업 시대가 온다고 해요.

제4차 산업 시대에는 '인공 지능'이

사람을 대신해서 많은 일을 할 거라고 해요.

사람이 하는 일을 인공 지능이 하기 때문에

사람이 하던 직업이 많이 사라질 거예요.

예를 들어 텔레마케터, 회계사, 소매점 계산원 같은

직업은 사라지겠지요.

그러면 그런 직업을 가진 사람은 일자리를 잃을 테고

돈도 벌지 못해서 어려운 생활을 하게 될 거예요.

그래서 우리는 미래 사회를 잘 알아야 해요.
미래에 어떤 직업이 사라지고, 어떤 직업이 인기가 있을지
미리 알아야 잘 준비할 수 있어요.
그래야 더 행복하게 미래를 살 수 있을 거예요.
'인공 지능'은 미래 사회에서 가장 중심적인 일을 하게 되지요.
인공 지능을 잘 알게 되면 미래 사회도 잘 알게 됩니다.
여러분도 제4차 산업 시대에 대해 미리 잘 준비해서
미래를 이끌어 갈 훌륭한 인재가 되기를 기원합니다.

서지원

| 차례 |

1장 인간의 미래를 예측하는 인공 지능

미래의 자두 · 10
2030년, 미래는 어떻게 바뀔까?

인공 지능 청소기 소동 · 14
인공 지능이란 무엇일까?

로봇 콩순이 · 18
로봇과 인공 지능은 어떻게 다를까?

미래에서 온 소년 · 22
인공 지능이 제4차 산업 혁명을 일으킨다고?

인공 지능이 되고 싶어요! · 26
인공 지능 알파고는 어떻게 사람을 이겼을까?

누군가 내 생각을 미리 읽고 있어! · 30
정보로 미래를 예측한다고?

2장 인공 지능이 관리하는 우리집

대신 로봇 · 36
사람보다 더 사람 같은 로봇!

택배야, 언제 오니! · 40
물건과 대화할 수 있는 세상(IOT)

나의 집사, 스마트홈 · 44
인공 지능이 집사, 스마트홈

유령 자동차 · 48
자율주행 자동차가 달리는 세상

스마트폰의 요정 · 52
스마트폰 속에 사는 비서

수다쟁이 운동화 · 56
말하는 운동화가 있다고?

우리 집 애완 로봇 퍼피 · 60
사람을 대신하는 로봇

3장 인공 지능이 움직이는 미래 도시

왓슨 선생님의 병 · 66
인공 지능 의사 선생님

생명의 은인 · 70
구조대원 로봇이 있다고?

자두의 재판 · 74
로봇이 변호사 역할도 대신한다고?

산타가 보낸 드론 · 78
조종사 없이 날아가는 인공 지능 항공기가 있다고?

똑똑한 도시 사람들은 어떻게 살까? · 82
똑똑한 도시를 스마트시티라고 한다고?

나 대신 싸워 줘! · 86
사람을 대신해 싸우는 로봇이 있다고?

컴퓨터 대왕을 막아라! · 90
인공 지능이 사람을 공격할 수도 있을까?

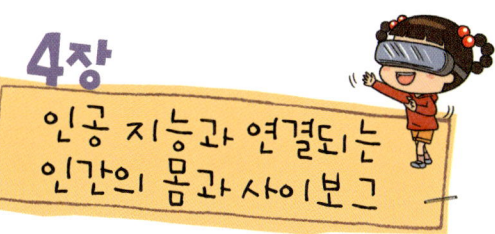

4장 인공 지능과 연결되는 인간의 몸과 사이보그

강아지의 주인 찾기 · 96
전자 칩을 몸속에 넣기만 하면 병을 알 수 있다고?

꿈인가 생시인가! · 100
증강 현실이랑 가상 현실은 다른 거라고?

진짜 자두를 찾아라 · 104
눈동자로 누군지 구분할 수 있다고?

엉터리 마술사 · 108
인공 지능과 내 뇌를 연결한다고?

맞춤형 아기가 되고 싶어! · 112
누구나 천재를 낳을 수 있다고?

1장 인간의 미래를 예측하는 인공 지능

01 미래의 자두
2030년, 미래는 어떻게 바뀔까?

02 인공 지능 청소기 소동
인공 지능이란 무엇일까?

03 로봇 콩순이
로봇과 인공 지능은 어떻게 다를까?

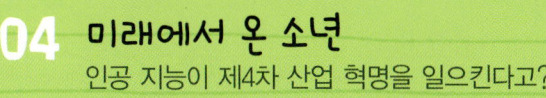

04 미래에서 온 소년
인공 지능이 제4차 산업 혁명을 일으킨다고?

05 인공 지능이 되고 싶어요!
인공 지능 알파고는 어떻게 사람을 이겼을까?

06 누군가 내 생각을 미리 읽고 있어!
정보로 미래를 예측한다고?

[미래 사회]

미래의 자두

4월 25일 월요일 | 날씨 미세먼지 먹는 로봇이 있었으면

선생님께서 미래엔 사람보다 기계나 로봇이 더 많이 일을 하게 될 거라고 한다. 그러면 "일 하지 않는 자, 먹지도 말라."라는 속담은 "일하지 않는 로봇, 먹지도 말라."라고 바뀌게 될 것이다. 가만, 로봇은 원래 밥을 안 먹으니까 먹을 필요가 없는데.

"일하지 않는 로봇, 전기도 쓰지 말라." 이렇게 바꾸면 되려나?

2030년, 미래는 어떻게 바뀔까?

2030년이 되면 세상은 어떻게 변할까? 과학자들은 현재 있는 직업의 절반 이상이 사라지고 전혀 새로운 직업이 나타날 거라고 예측하고 있어. 그때는 아마도 인기 직업 목록에서 의사가 빠질 거란다. 전 세계인의 건강 정보를 컴퓨터가 가지고 있다가 누군가 아프면 자료를 뒤져 어디가 아픈지 알려 줄 테니까.

거리의 교통경찰 아저씨도 더 이상 찾아볼 수 없는 희귀 직업이 될 거야. 2030년의 자동차에는 첨단 컴퓨터와 센서가 부착될 것이거든. 이걸 이용해서 자동차들은 다른 차라든지 사물을 알아서 피할 수 있게 될 테지.

머리도 아프고 열도 나고…

2030년 무렵엔 자동차뿐 아니라 모든 물건에도 센서가 들어갈 거야. 그럼 물건이 어디 있는지 위치를 파악하는 건 식은 죽 먹기가 되겠지.

불과 10여 년 만에 세상이 몰라보게 바뀔까 하는 의문이 들지? 하지만 제4차 산업 혁명은 이 모든 것을 가능하게 해 줄 거란다. 머지않아 사람들은 상상하지 못했던 새로운 세상을 맞이하게 되겠지.

인공 지능 청소기 소동

[미래 용어]

4월 28일 일요일 | 날씨 오랜만에 파란 하늘을 본 날

우리 집에도 인공 지능 청소기가 생겼다. 엄마는 이제 집안일이 좀 수월해지겠다고 좋아하셨다. 그런데 문제는 청소기가 내 방만 자꾸 들어와서 청소를 한다는 것이다. 시끄러워서 문을 꼭 닫았더니 청소기가 문을 열어 달라고 덜컹덜컹 난리가 났다. 혹시 청소기 눈엔 내가 엄청 더러워 보이는 게 아닐까?

인공 지능이란 무엇일까?

 알파고는 구글 딥마인드에서 만든 인공 지능이란다.

 '알파고'라면 우리나라의 바둑 기사 이세돌과 대결했던 컴퓨터를 말하는 거죠?

인공 지능이란 '문제를 푸는 기능'이란 뜻이야. 간단한 예를 들어 볼게. 로봇에게 "물을 가져와."라고 명령을 내렸어. 그러면 로봇은 바로 앞에 놓인 물을 갖다 줄 거야. 이렇게 간단한 명령을 해결하는 것도 인공 지능이지. 그리고 더 발달한 인공 지능은 명령을 내린 사람의 상태가 더운지, 추운지를 살펴본 다음 부엌으로 가서 찬 물을 가져오거나 뜨거운 물을 가져오겠지.

> 자두는 열이 많아 찬물을, 미미는 따뜻한 물을 준비했습니다.

얼마 전까지만 하더라도 인공 지능은 아주 간단한 일만 처리할 수 있었어. 하지만 지금은 눈부신 발전을 거듭해서 엄청난 실력을 갖추게 되었지. 인공 지능은 사람처럼 생각하고 스스로 학습할 수 있거든.

아, 그렇다고 인공 지능이 사람처럼 머릿속에 뇌가 있는 것은 아니란다. 인공 지능 역시 컴퓨터처럼 CPU와 메모리, 메인보드로 만들어져 있지. 과학자들은 지금 알파고처럼 인공 지능을 가진 컴퓨터를 개발하려고 다양한 노력을 기울이고 있어.

머지않아 컴퓨터뿐만 아니라 자동차, 냉장고, 세탁기, 청소기 등 여러 제품이 인공 지능 기술을 갖게 될 거야.

[미래 기술]

로봇 콩순이

5월 3일 금요일 | 날씨 꽃잎이 비처럼 뿌려진 날

나는 로봇은 모두 엄청나게 똑똑할 거라고 생각했다. 그런데 아빠가 일하는 공장의 로봇들은 완전 바보였다. 아빠의 공장 로봇들은 시작 버튼을 눌러 주면 일하고, 멈춤 버튼을 눌러 주어야 멈춘다. 말로 명령을 내리면 하나도 알아듣지 못한다. 세상의 모든 로봇이 사람처럼 생각하고, 마음대로 움직이고 그러는 건 아닌 모양이다.

알짜배기 과학 상식

로봇과 인공 지능은 어떻게 다를까?

로봇은 지금도 널리 쓰이고 있어. 공장에서 물건을 분류할 때 쓰이는 커다란 기계도 로봇이고, 고속도로에서 지나가는 차의 속도를 측정하는 박스처럼 생긴 것도 로봇이지.

로봇은 사람처럼 생긴 것만 있는 게 아니었군요!

흔히 로봇이라고 하면 사람처럼 머리도 있고, 팔다리도 있는 기계를 떠올리지. 하지만 달 탐사 로봇처럼 커다란 기계 덩어리에 여러 개의 다리가 달린 것도 로봇이고, 벌레처럼 생긴 것도 로봇일 수 있어.

로봇이란 말은 체코어라고 해. 체코의 극작가인 카렐 차페크가 자기의 연극 속에 사람을 대신해서 사람처럼 일할 수 있는 기계를 로봇이라고 불렀지. 연극 속의 로봇들은

저쪽에도 뭔가 있어~~

어디로 가 볼까?

사람처럼 생각도 할 수 있고, 움직일 수도 있어. 하지만 사람들은 로봇을 그저 쓰다 버리는 기계쯤으로 생각했지. 그러자 화가 난 로봇들이 반란을 일으킨단다.

물론 이건 어디까지나 연극 속의 이야기이지만 앞으로 그런 세상이 오지 말란 법도 없지. 요즘은 로봇과 인공 지능이 합쳐지고 있으니까 말이야.

로봇은 튼튼한 기계이고, 인공 지능은 생각하게 해 주는 프로그램 같은 거란다. 로봇이 인공 지능 기술을 갖게 되면 생각할 수 있는 능력을 갖게 되지. 미래 세상에는 인공 지능을 갖춘 뛰어난 로봇이 개발되어 사람들의 생활을 더욱 편리하게 해 줄 거야.

저 안쪽에 우리가 필요로 하는 광물이 있어!

[미래 사회의 변화]

미래에서 온 소년

5월 10일 금요일 | 날씨 비가 와서 상쾌한 날

차도 없고 컴퓨터도 없던 원시인들은 얼마나 불편했을까?

그런데 가만 생각해 보니 먼 미래의 사람들도 우리를 보면

원시인처럼 느껴질 수도 있을 것 같다. 어머, 옛날에는 운전도

직접했다며? 얼마나 불편했을까! 미래 사람들이 이렇게 말하면

어쩐지 기분 나쁠 것 같다.

인공 지능이 제4차 산업 혁명을 일으킨다고?

지금까지와 다른 새로운 세상이 되거나 새로운 무엇이 만들어지는 것을 혁명이라고 하지.

제4차 산업 혁명이라고 말하는 걸 보니 지금까지 3번의 산업 혁명이 있었던 거로군요?

인류 역사에서 첫 번째 산업 혁명이 시작된 건 18세기 후반으로 면직물과 제철 공업이 발달하여 제1차 산업 혁명이 일어났지. 1870년대에는 증기 기관과 옷감을 짜는 방직기가 발명되면서 사람들의 생활이 크게 바뀌었어. 대량 생산이 가능해진 거야. 이것을 '제2차 산업 혁명'이라고 부르지. 그리고 컴퓨터와 인터넷의 발달로 '제3차 산업 혁명'이 일어났지.

지금까지 인류는 이렇게 큰 산업 혁명을

세 번이나 맞이했어. 그리고 앞으로 다가올 제4차 산업 혁명은 사람들의 생활을 또 다르게 바꿔 놓을 거란다.

제4차 산업 혁명을 일으킬 기술을 ICT라고 해. 컴퓨터와 네트워크를 연결한 기술(Information and Communication Technology)이란 뜻이지. 앞으로 사람들의 생활은 컴퓨터와 네트워크 기술을 통해 바뀌게 될 거야. 단지 산업만 달라지는 게 아니라 사람들의 생활 방식부터 경제, 문화까지 모두 바뀌겠지.

미래 사회에서는 사람과 로봇이 자연스럽게 어울려 살아가게 될 거란다. 인공 지능과 로봇 기술이 발달하게 될 것이고 생명 과학도 크게 발전하겠지.

[미래의 기술과 사람]

인공 지능이 되고 싶어요!

달님, 별님 부탁이에요. 제 머리를 인공 지능으로 만들어 주세요.

펑! 자두야, 어째서 그렇게 인공 지능이 되고 싶은 것이냐?

인공 지능 컴퓨터는 안 먹고, 안 자고 공부할 수 있다면서요?

기특하게 그렇게 열심히 공부를 하려는 게로구나!

그럼 실컷 놀아도 시험에서 백점 받을 수 있을 거잖아요. 저는 잠잘 시간에도 놀고, 밥 먹을 시간에도 놀고 싶어요.

5월 13일 월요일 | **날씨** 책상에 앉아만 있기 아까운 날

사람들은 알파고를 보고 똑똑하다고 하는데, 나는 오히려 알파고가 불쌍하다고 생각한다. 알파고는 인공 지능 컴퓨터라서 하루 종일 공부만 해야 한다. 얼마나 갑갑할까? 만약 산신령이 나타나서 내 머리를 알파고로 만들어 주겠다고 하면 절대 싫다고 말할 것이다. 내 머리는 하루 종일 공부만 하다 보면 뻥 하고 터져 버릴 테니까.

알짜배기 과학 상식

인공 지능 알파고는 어떻게 사람을 이겼을까?

 선생님, 바둑은 사람만 할 수 있는 어려운 게임이라면서요?

 그래, 지금껏 사람들은 컴퓨터가 바둑으로 인간을 이길 수는 없다고 장담했지.

2016년 3월, 구글의 알파고가 우리나라 이세돌 9단에게 도전장을 내밀었어. 이때까지만 하더라도 사람들은 알파고가 이세돌 구단을 이길 순 없을 거라고 생각했어. 그런데 다섯 번의 싸움에서 이세돌 9단이 단 한 번만 이겼을 뿐 모두 알파고가 승리했던 거야.

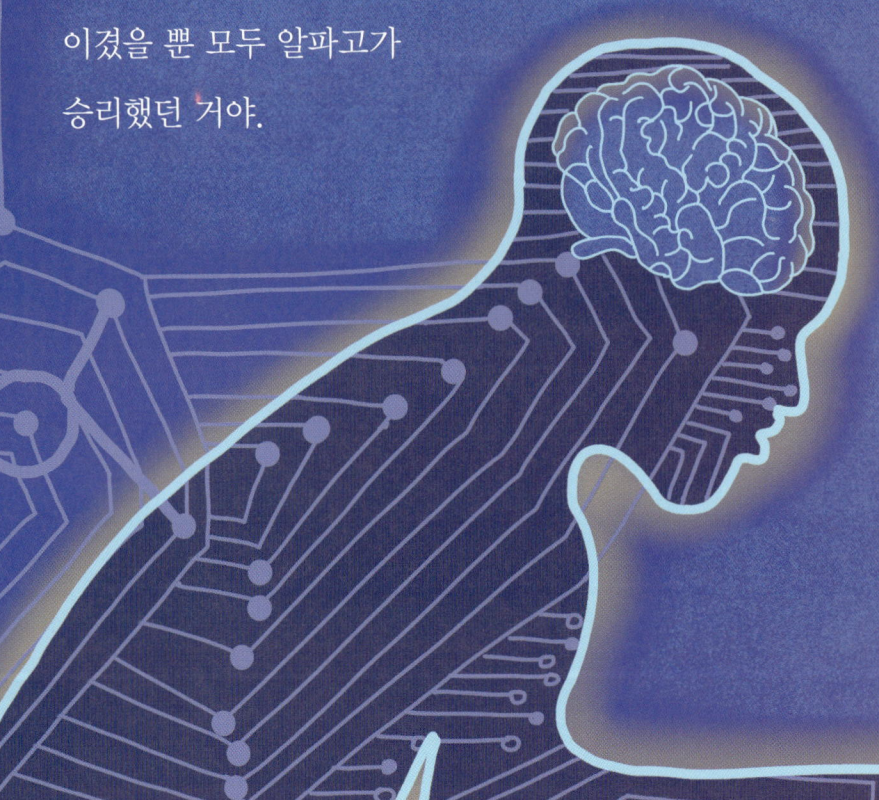

기계가 인간의 두뇌를 이긴 역사적인 사건이 된 거지.

알파고는 어떻게 수십 년 동안 바둑을 공부해 온 사람을 이길 수 있었던 걸까? 알파고에겐 '딥마인드'라는 회사에서 만든 인공 지능 프로그램이 있기 때문이지.

딥마인드에서 개발한 인공 지능 프로그램의 핵심은 인간의 신경망처럼 촘촘하고 복잡하게 만들어진 프로그래밍과 스스로 공부할 수 있는 딥러닝 능력이란다.

딥마인드에서는 먼저 인공 지능 프로그램 알파고에 바둑 프로그램을 입력한 뒤 다른 바둑 프로그램과 대결을 하도록 만들었어. 알파고는 입력된 정보를 바탕으로 계속 반복 학습을 하며 스스로 바둑 실력을 키워 나갔지.

사람은 하루에 공부할 수 있는 양이 한정되어 있지만 알파고는 24시간 내내 쉬지 않고 공부할 수 있었어. 덕분에 빠른 시간 안에 사람의 실력을 따라잡을 수 있었던 거야.

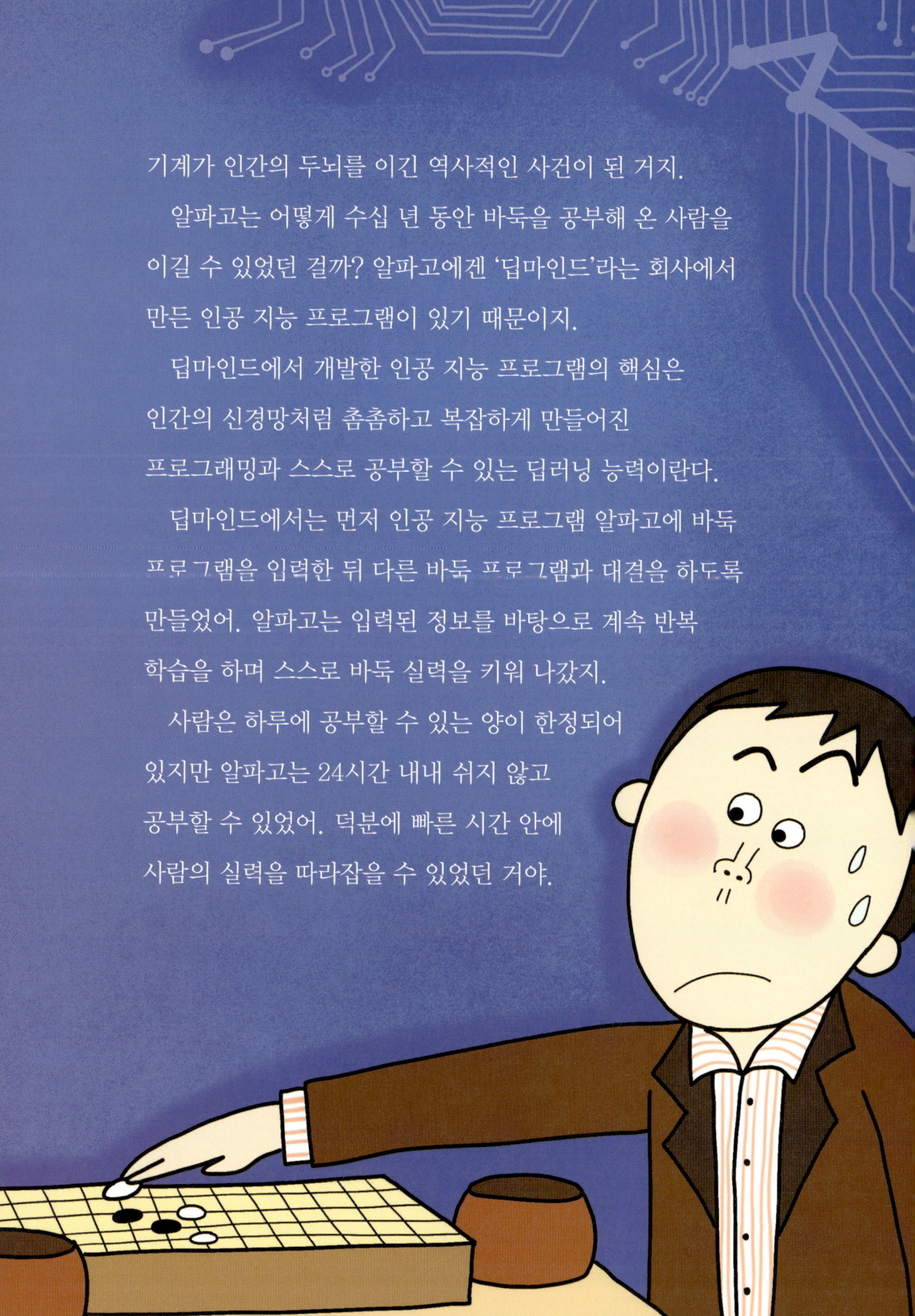

[빅데이터의 활용]

누군가 내 생각을 미리 읽고 있어!

| 5월 17일 금요일 | 날씨 내 시험지에도 비가 내린 날 |

우리 엄마는 뭐든지 척 보면 착 알아차린다! 아빠가 비상금을 숨겨 놓은 것도 알아차리고, 내가 시험에서 빵점 맞은 것도 알아차리고, 불량식품을 사 먹은 것도 알아차린다. 엄마는 내가 뭘 할 건지 전부 다 보이는 걸까? 아니면 누가 몰래 엄마한테 일러 주는 건가? 그것이 궁금하다!

알짜배기 과학 상식

정보로 미래를 예측한다고?

컴퓨터와 인터넷의 발달로 사람들은 쉽게 글을 쓰고 세상에 발표할 수 있게 되었어. 사람들은 누구든 블로그에 사진을 올리고, 게시판에는 하루에 여러 번 댓글을 남기지. 동영상 사이트인 유튜브에 단 1분 동안 올라오는 동영상이 몇 개나 될까? 1분에 72시간 이상의 영상이 만들어질 수 있을 정도라고 해.

이처럼 디지털 세상이 되면서 사람들은 엄청난 양의 데이터 속에 살아가고 있어. 이런 데이터와 정보를 '빅데이터'라고 부른단다. 빅데이터에는 신문이나 TV, 책 내용뿐 아니라 작은 그림, 동영상, 숫자, 짧은 글까지 다양한 것들이 포함되지.

그런데 이것들을 모두 모아 놓으면 엄청난 힘을 발휘할 수 있다는 거 알고 있니? 빅데이터를 분석하면 요즘 사람들이 무엇을 생각하는지, 주로 어떤 곳에 가는지, 무슨 행동을 하는지 다 알 수 있어. 게다가 앞으로 무슨 일이 벌어질지 예측까지 가능하지.

덕분에 여러 나라에서는 빅데이터를 활용한 다양한 정책을 만들고 있단다. 간단한 예를 들자면 국제 행사가 있을 때는 시간별로 교통량을 분석할 수도 있겠지. 또, 지난 수십 년 동안의 날씨 상황을 분석해 가뭄이나 홍수 대책을 세우기도 하고. 이렇게 빅데이터는 사람들의 일상생활에도 큰 영향을 주고 있어.

내가 쓴 신용카드의 정보를 분석해서 나의 소비 패턴이라든지 취향, 성격, 앞으로 구매 가능한 물건 목록까지 모두 알아맞힐 수 있다니, 놀랍지 않니?

윽, 누군가 나를 훤히 들여다 볼 수도 있겠군요!

정보가 정확하네.

2장
인공 지능이 관리하는 우리 집

01 대신 로봇
사람보다 더 사람 같은 로봇!

02 택배야, 언제 오니!
물건과 대화할 수 있는 세상(IOT)

03 나의 집사, 스마트홈
인공 지능이 집사, 스마트홈

04 유령 자동차
자율주행 자동차가 달리는 세상

05 스마트폰의 요정
스마트폰 속에 사는 비서

06 수다쟁이 운동화
말하는 운동화가 있다고?

07 우리 집 애완 로봇 퍼피
사람을 대신하는 로봇

[로봇의 미래]

대신 로봇

36

| 5월 19일 일요일 | 날씨 선풍기가 저절로 떠오른 날 |

이젠 로봇이 사람을 대신해 요리도 하고, 청소도 하고, 집안일도 척척 할 수 있는 세상이 됐다고 한다. 그런데 로봇이 사람을 대신해 공부를 하는 세상은 언제쯤 올까? 나를 대신해서 시험도 치고, 숙제도 하고, 학교도 대신 가 주는 로봇이 생기면 좋을 텐데. 참! 나를 대신해서 엄마한테 꾸중을 들어주는 로봇도 개발되면 좋겠다.

사람보다 더 사람 같은 로봇!

처음 로봇이 만들어졌을 때만 하더라도 할 수 있는 일이 적었어. 로봇은 사람을 대신해서 사막이나 심해, 우주 같은 곳으로 가서 대신 일을 했지. 이때까지만 하더라도 로봇은 프로그래머가 만든 프로그램에 따라 정해진 일을 수행하고 보고하는 것만 가능했어.

그런데 기술이 발전함에 따라 로봇이 처리할 수 있는 일의 가짓수가 늘어났고, 태권브이처럼 사람의 행동을 그대로 따라 할 수 있는 로봇까지 만들어졌어.

요즘은 강아지 로봇이 애완동물 강아지를 대신해서 주인에게 애교도 부리고, 낯선 사람을 보고 짖기도 하지. 또, 사람을 꼭 닮은 로봇이 등장하기도 했어. 이런 로봇을 휴머노이드라 불러.

어떤 로봇은 사람처럼 관절 마디마디를 움직일 수 있고 사람 피부와 비슷한 겉면을 갖고 있어. 휴머노이드 로봇들은 사람을 대신해서 간호를 하기도 하고, 음악을 연주하기도 하고, 길을 안내해 주기도 하지. 앞으로 로봇은 더욱 발전하게 될 거야. 인공 지능과 결합하면 얼마든지 가능한 일이지.

어쩌면 머지않아 사람과 비슷한 모양을 가진 로봇이 앉아서 변호사처럼 법률 상담을 해 주고, 보험 상품을 설명하게 될 거야.

그러면 미래의 일자리가 줄어드는 거잖아요!

저쪽으로 쭉 가면 역이 나옵니다.

사당역→

사물 인터넷의 발달

택배야, 언제 오니!

| 5월 21일 화요일 | 날씨 스마트폰이 우산 쓰라고 한 날 |

아침에 학교에 가려는데 우산이 삑삑 소리를 냈다. 엄마는 우산이 오늘 비가 온다고 얘기하는 거랬다. 나는 우산을 믿을 수 없었다. 하늘이 무척 맑고 깨끗했기 때문이다. 그런데 오후부터 비가 쏟아지기 시작했다. 우산을 무시했으면 큰일 날 뻔했다.

'어른들 말을 잘 들으면 자다가도 떡이 생긴다'는 옛말을 이제는 '사물 말을 잘 들으면 비를 안 맞는다'라고 바꿔야겠다.

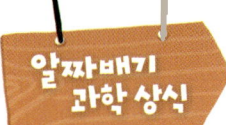
알자배기 과학 상식

물건과 대화할 수 있는 세상(IOT)

요즘은 택배차가 장소를 옮길 때마다 택배 차와 기사님의 스마트 폰이 어디쯤 있는지 위치 정보를 알 수 있어.

그런 걸 사물 인터넷 기술(IOT : Internet of Thing)이라고 하는 거죠?

사물 인터넷은 물건끼리, 또는 사물과 사람이 서로 연결되어 서로 소통할 수 있는 기술을 말해. 이 기술은 제4차 산업 혁명의 핵심 기술로도 손꼽히지. 사물 인터넷은 물건 속에 컴퓨터와 통신할 수 있는 장치와 여러 가지 센서가 들어 있기 때문에 가능한 거야. 사물이 자신의 센서를 컴퓨터에 전달하면 위치는 물론이고 날씨, 온도, 습도 등 여러 가지 정보를 파악할 수 있게 되는 거야.

집 안 공기를 깨끗하게 부탁해

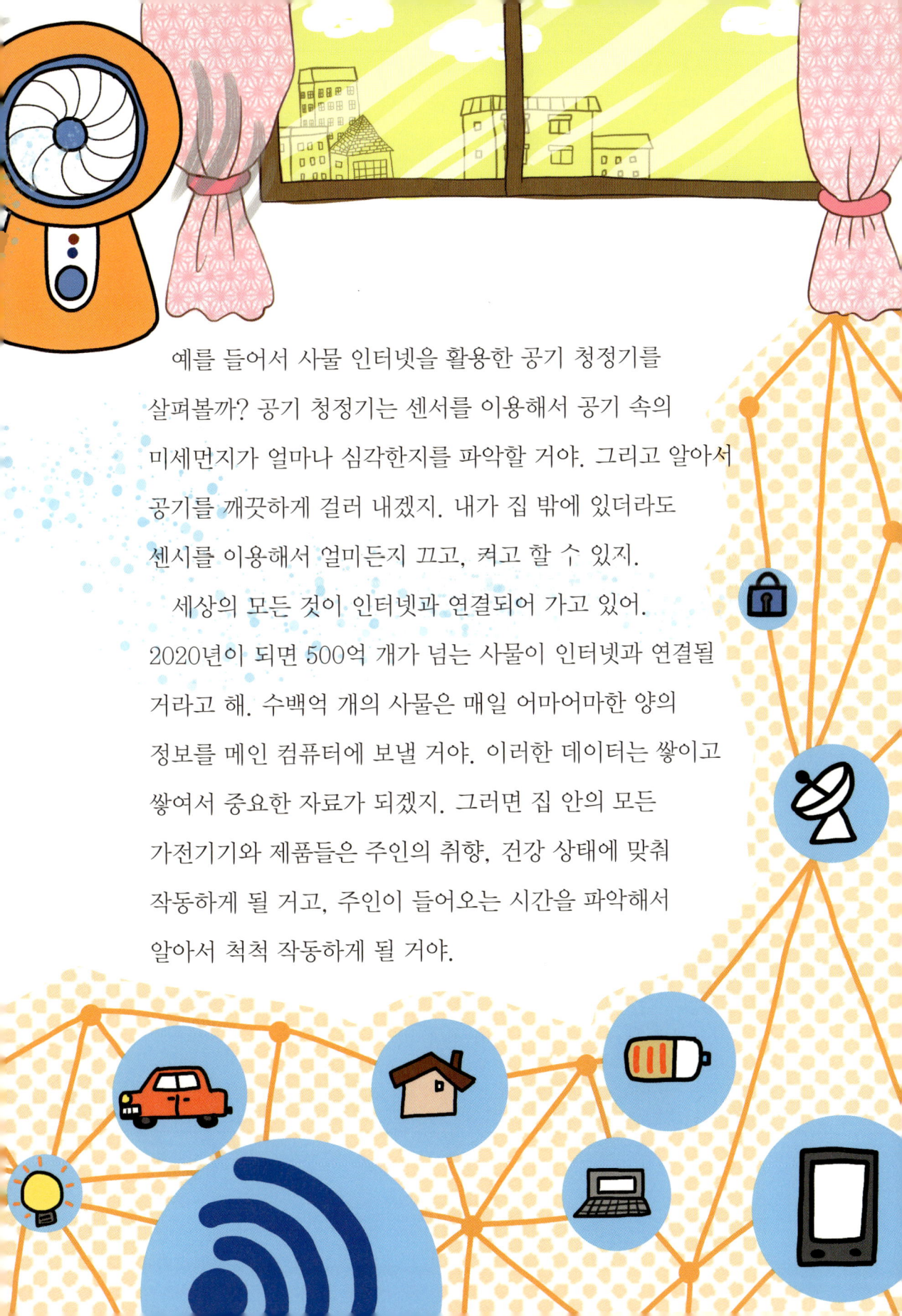

예를 들어서 사물 인터넷을 활용한 공기 청정기를 살펴볼까? 공기 청정기는 센서를 이용해서 공기 속의 미세먼지가 얼마나 심각한지를 파악할 거야. 그리고 알아서 공기를 깨끗하게 걸러 내겠지. 내가 집 밖에 있더라도 센시를 이용해서 얼미든지 끄고, 켜고 할 수 있지.

세상의 모든 것이 인터넷과 연결되어 가고 있어. 2020년이 되면 500억 개가 넘는 사물이 인터넷과 연결될 거라고 해. 수백억 개의 사물은 매일 어마어마한 양의 정보를 메인 컴퓨터에 보낼 거야. 이러한 데이터는 쌓이고 쌓여서 중요한 자료가 되겠지. 그러면 집 안의 모든 가전기기와 제품들은 주인의 취향, 건강 상태에 맞춰 작동하게 될 거고, 주인이 들어오는 시간을 파악해서 알아서 척척 작동하게 될 거야.

나의 집사, 스마트홈

스마트홈 시스템

| 5월 23일 목요일 | 날씨 누가 봐도 여름 |

엄마는 깜빡 대장이다. 길을 가다가 "맞다, 내가 가스 밸브를 잠갔나?" 하고 소리치고, "맞다, 내가 수도꼭지를 잠갔나?" 하고 고개를 갸웃하기도 한다. 그래도 크게 걱정할 필요는 없다. 엄마가 깜빡했더라도 스마트홈을 이용하면 되니까 말이다. 휴, 기술이 발달했기에 망정이지 안 그랬으면 우리 집은 아주 큰일이 났을 거다.

인공 지능 집사, 스마트홈

스마트홈이란 언제 어디에서나 집 안의 모든 것을 마음대로 조정할 수 있는 똑똑한 집을 말해. 예를 들면 한겨울에 외출을 했다가 돌아가는 길이라고 치자. 집 안이 따뜻했으면 좋겠다는 생각이 간절할 거야. 누군가 내가 집에 도착하기 전에 히터를 켜 놓고, 방 안의 불도 미리 켜 놨으면 좋겠다는 생각이 들겠지. 스마트홈은 이런 걸 가능하게 해 주는 시스템이란다.

스마트홈을 이용하면 가전제품을 끄고, 켜는 건 물론 방 안의 불을 켜는 것도, 컴퓨터를 바깥에서

작동시키는 것도 가능하지.

  만약 도둑이 침입했다면, 경찰이 올 때까지 집 안의 모든 문이 열리지 않도록 잠가 버릴 수도 있어.

  이런 기술은 어떻게 작동되냐고? 스마트홈은 사물 인터넷 기술을 기반으로 만들어져. 가전제품은 물론 조명, 난방, 보안 등 집의 주요 기능을 담당하는 곳에 센서가 붙거든. 센서들은 유무선 인터넷을 통해 집주인에게 정보를 전달하기도 하고 다른 기계에 신호를 보낼 수도 있지.

스마트 홈은 벌써 우리 가까이에 있단다.

스마트 홈에 사는 사람들은 정말 좋겠다!

[자율주행 자동차 기술]

유령 자동차

| 5월 29일 수요일 | 날씨 구름송이 하나가 날 따라왔다! |

우리 가족은 휴가를 맞이해 바닷가로 피서를 갔다. 가는 동안 길이 무척 막혔다. 덕분에 아빠는 장장 4시간이나 운전을 해야 했다. 아빠는 만약 자율주행 자동차가 없었다면 운전을 하느라 몹시 지치고 피곤했을 거라고 말씀하셨다. 자율주행 자동차 덕분에 아빠는 오랜 시간 운전을 해도 끄떡없다.

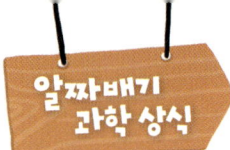

자율주행 자동차가 달리는 세상

 자율주행 자동차는 운전자가 자동차를 움직일 필요 없이 혼자서 앞뒤로 움직였다 멈춰 설 줄 아는 자동차를 말하지.

사람이 운전을 하지 않는데 과연 안전할까요?

자율주행 자동차는 사람도 없이 혼자 움직이는 차라서 위험할 것 같다고? 천만에! 자율주행 자동차는 앞에 다른 자동차나 사람이 있으면 알아서 속도를 줄이거나 멈춰. 비나 눈이 와서 도로가 미끄러우면 알아서 속도를 줄이지.

이런 게 가능한 이유는 바로 센서 덕분이야. 자동차에 달린 센서가 사람의 눈, 귀, 코 같은 감각 기관처럼 주변 상황을 파악하고 명령을 내리는 거지. 또, 자율주행 자동차에는 V2X 기술이란 것이 들어 있어. 이건 와이파이 기반으로 주변의 모든 것과 소통할 수 있게

만들어 주는 통신 기술을 말해.

이걸 이용해서 자율주행 자동차는 어떤 지역에 교통 체증이 심각한지를 파악하고, 앞뒤로 달리는 다른 자동차에게 연락해 주기도 해. 또 다른 차에게 내가 달리는 속도를 알려 주고 서로 부딪히지 않도록 조심하게 만들지.

자율주행 기술은 다른 분야에 비해 상당히 빠르게 발전하고 있어. 이미 고급 자동차에는 완벽하지는 않지만 부분적인 자율주행 기능이 포함되고 있을 정도란다.

이미 자율주행 자동차는 운전자가 잠깐 물을 마시거나 딴짓을 해도 앞차와 충돌하지 않도록 막아 줄 수 있을 정도까지 발달했지.

그럼, 사람이 운전하는 것보다 자율주행 차가 운전하는 게 훨씬 안전하겠군요.

【 스마트폰의 발달 】

스마트폰의 요정

| 6월 3일 월요일 | 날씨 날씨는 조절이 안 되나? |

우리 아빠는 아침마다 스마트폰에게 일정을 물어본다. 그러면 스마트폰이 아빠가 깜빡하고 있던 일까지 말해 준다. 엊그제는 아빠가 깜빡 잊고 있었던 결혼기념일을 미리 말해 주기도 했다. 그 덕분에 엄마랑 아빠는 부부 싸움을 하지 않을 수 있었다. 엄마는 스마트폰 속에 꼭 요정이 살고 있는 것 같다며 신기해했다.

스마트폰 속에 사는 비서

 이제 말로 명령을 내리면 스마트폰이 알아서 전화도 걸어 주고, 문자도 보내 주고 길도 찾아 주고 검색도 해 줄 거란다.

 헉, 스마트폰 속에 비서가 들어 있는 거예요?

    스마트폰이 인공 지능과 만난 덕분에 우리는 모두 개인 비서를 한 명씩 두게 됐어. 스마트폰이 알아서 척척 오늘 할 일을 알려 주고, 노래를 틀어 주고, 검색을 해 주기도 하지. 이게 어떻게 가능해진 거냐고?

    인공 지능은 생각하는 능력, 판단하는 능력, 말하는 능력 등 사람만이 갖고 있다고 믿어 왔던 능력들을 컴퓨터 프로그래밍으로 만든 거야. 인공 지능 프로그래밍을 로봇이라는 하드웨어에 심으면 인공 지능 로봇이 되고, 이것을 스마트폰에 심으면 인공 지능 폰이 되는 거지.

    예전에는 스마트폰이 사람들의 말을 제대로 인식하지

못해서 이런 기능을 활용하기가 어려웠어. 하지만 38개국의 언어를 자유롭게 알아듣고, 음성인식 기술도 좋아져 웬만한 말을 알아들을 정도가 됐지.

요즘은 스마트폰의 인공 지능 기술이 갈수록 발달해서 사진을 찍거나 QR 코드를 보여 주면 폰이 알아서 척척 내용을 분석해 주기도 하고, 카메라로 꽃을 찍으면 그 꽃의 이름을 말해 주기도 해. 가방을 찍으면 알아서 척척 가방을 파는 곳이 어디인지, 가격은 얼마인지 알려 주기도 하지.

[웨어러블 기기의 발달]

수다쟁이 운동화

| 6월 8일 토요일 | 날씨 운동하기 좋은 날 |

엄마가 새 운동화를 사 주셨다. 새 운동화는 내 마음에 쏙 들었다. 무엇보다 좋은 점은 운동화가 말을 할 줄 안다는 것이다. 내가 밥을 많이 먹으면 "네가 더 무거워졌어. 당장 움직여서 살을 빼도록 해!"라고 말해 준다. 이 운동화만 있으면 살을 쏙 빼서 미스코리아도 될 수 있을 것 같다. 다만, 단점이 있다면 목소리가 너무 크다는 것이다.

말하는 운동화가 있다고?

 웨어러블 장치는 몸에 걸치거나 장착할 수 있는 디지털 장비를 일컫는 말이야. 요즘은 시계, 귀걸이, 안경, 헤드셋 등 패션 소품들이 웨어러블 장치와 결합해 발전하고 있지.

옷과 웨어러블이 만나면 아이언맨 슈트가 되는 건가요?

애플 워치에 대해 한 번쯤 들어 봤을 거야. 애플 워치는 시계처럼 손목에 찰 수 있는 액세서리를 말해. 스마트폰이 없이도 스마트폰의 기능을 대부분 이용할 수 있고, 전용 앱까지 설치할 수 있지. 한마디로 손목에 차고 다니는 작은 컴퓨터인 셈이야.

웨어러블 장치는 애플 워치처럼 몸에 걸치거나 장착할 수 있는 디지털 장비를 일컫는 말이란다. 몸에 부착한 상태로 언제 어디서나 필요한 정보를 구할 수 있어야만 하지.

처음엔 시계나 헤드셋 같은 것을 중심으로 웨어러블

장치가 개발됐어. 그런데 요즘은 팔찌, 안경, 운동화, 옷 등 작고 가벼운 형태의 패션 소품들이 아주 다양하게 개발되었지.

아디다스에서 개발된 토킹슈즈라는 걸 들어 본 적 있니? 토킹슈즈는 말하는 운동화를 말해. 운동화 속에 블루투스와 스피커, 압력 센서, 가속 센서 등이 들어 있지.

그걸 이용해서 운동하는 사람의 움직임도 파악하고, 심장 박동 등을 체크해서 운동량을 조절할 수 있는 거야. 토킹슈즈는 운동화를 신고 열심히 뛰면 살이 빠졌다고 칭찬하기도 하고, 어서 움직이라 재촉하기도 한다더구나. 정말 신기한 세상이 다가오고 있는 거야.

인공 지능 로봇의 발달

우리 집 애완 로봇 퍼피

6월 11일 화요일 | 날씨 산책하기 좋은 날

엄마한테 강아지를 사고 싶다고 졸랐더니 로봇 강아지를 사 주셨다. 나는 진짜 강아지가 좋은데. 그런데 로봇 강아지도 키우면 키울수록 재미있는 것 같다. 로봇인데도 진짜 강아지처럼 나만 보면 왈왈 짖으면서 쫓아온다. 놀아 달라고 앞발을 들고 애교도 부린다. 혹시 로봇 속에 진짜 강아지가 숨어 있는 게 아닐까?

 알짜배기 과학 상식

사람을 대신하는 로봇

 실벗이란 로봇에 대해 들어 봤니? 외로운 할머니 할아버지들의 말벗도 되어 주고 건강도 챙겨 주는 로봇이라더구나.

 네, 로봇이 같이 카드 게임을 하기도 하고, 약 먹는 시간을 알려 주기도 한다더라고요.

실벗은 주인의 음성과 위치를 파악해서 움직인대. 사람처럼 말도 하고, 표정도 지을 수 있다지. 덕분에 아무 표정도 없는 로봇과 이야기를 하는 것보다 훨씬 실감 나게 이야기를 주고받을 수 있대. 실벗은 영어 실력도 아주 뛰어나대. 앞으론 실벗이 학교에서 영어를 가르칠 예정이라지.

이렇게 사람을 대신해 사람처럼 행동하고, 움직일 수 있는 로봇이 개발되고 있어. 머지않아 사람을 대신해 요리도 하고, 설거지를 하고, 심부름도 하는 로봇이 개발될 거야. 그러면 사람들의 생활은 더욱 편리해지겠지.

아직은 로봇의 기술이 정교하지 않아서 많은 일을 처리할 수 없어. 사람보다 일하는 속도도 느린 편이지. 하지만 기술이 발달하게 되면 10년 후쯤에는 로봇이 차려 주는 아침밥을 먹고 학교에 가거나 출근을 하는 세상이 오게 될 거야.

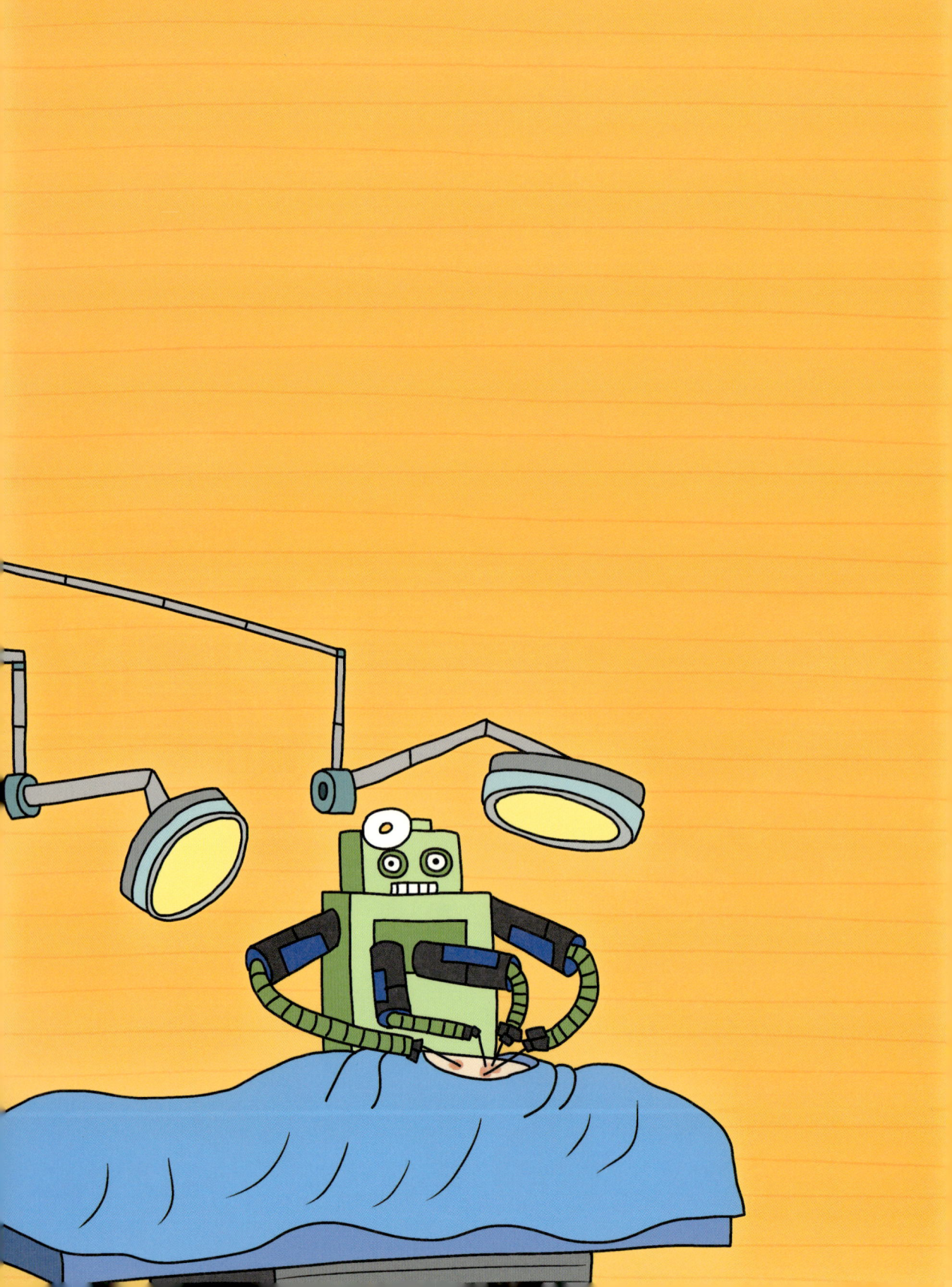

3장
인공 지능이 움직이는 미래 도시

01 왓슨 선생님의 병원
인공 지능 의사 선생님

02 생명의 은인
구조대원 로봇이 있다고?

03 자두의 재판
로봇이 변호사 역할도 대신한다고?

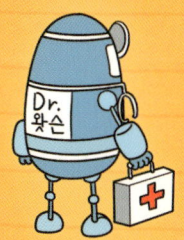

04 산타가 보낸 드론
조종사 없이 날아가는 인공 지능 항공기가 있다고?

05 똑똑한 도시 사람들은 어떻게 살까?
똑똑한 도시를 스마트시티라고 한다고?

06 나 대신 싸워 줘!
사람을 대신해 싸우는 로봇이 있다고?

07 컴퓨터 대왕을 막아라!
인공 지능이 사람을 공격할 수도 있을까?

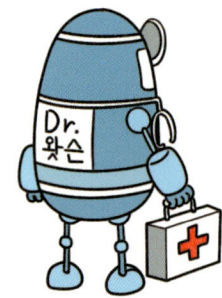

[인공 지능 의사 선생님]

왓슨 선생님의 병원

6월 15일 토요일 | 날씨 긴 장마가 드디어 끝

우리 동네에 신기한 병원이 생겼다. 의사 선생님 대신 로봇이 환자를 진료하는 병원이다. 사람들은 처음에 로봇이 어떻게 병을 고치겠느냐며 비웃었다. 그런데 로봇 의사의 처방을 받고 나니 병이 씻은 듯이 나았지 뭔가. 곧 로봇 요리사가 하는 식당도 생기고, 로봇 선생님이 가르치는 학원도 생길 것 같다.

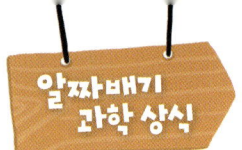

인공 지능 의사 선생님

 이제 머지않아 의사라는 직업은 로봇의 몫이 될지도 몰라. 인공 지능이 발달하면 로봇들이 정보를 바탕으로 사람의 병을 치료하고, 수술하게 될 거란다.

헉, 그럼 로봇 간호사가 엉덩이에 주사를 놓는 건가요?

 이미 로봇 의사를 고용한 병원도 있단다. 미국에는 의사 훈련을 받은 로봇 '왓슨'이 있는데, 왓슨은 환자가 찾아오면 이전의 치료 내역과 지금 증상 등을 눈 깜짝할 사이에 분석해서 새로운 처방을 내린다고 해.
 게다가 왓슨은 수술도 아주 쉽게 해. 왓슨은 아주 정교한 기술을 갖고 있기 때문에 아주 작은 부위를 째고 로봇 손을 집어넣으면 되지. 그러면 미세한 혈관 속까지 들여다보고 수술할 수 있단다.

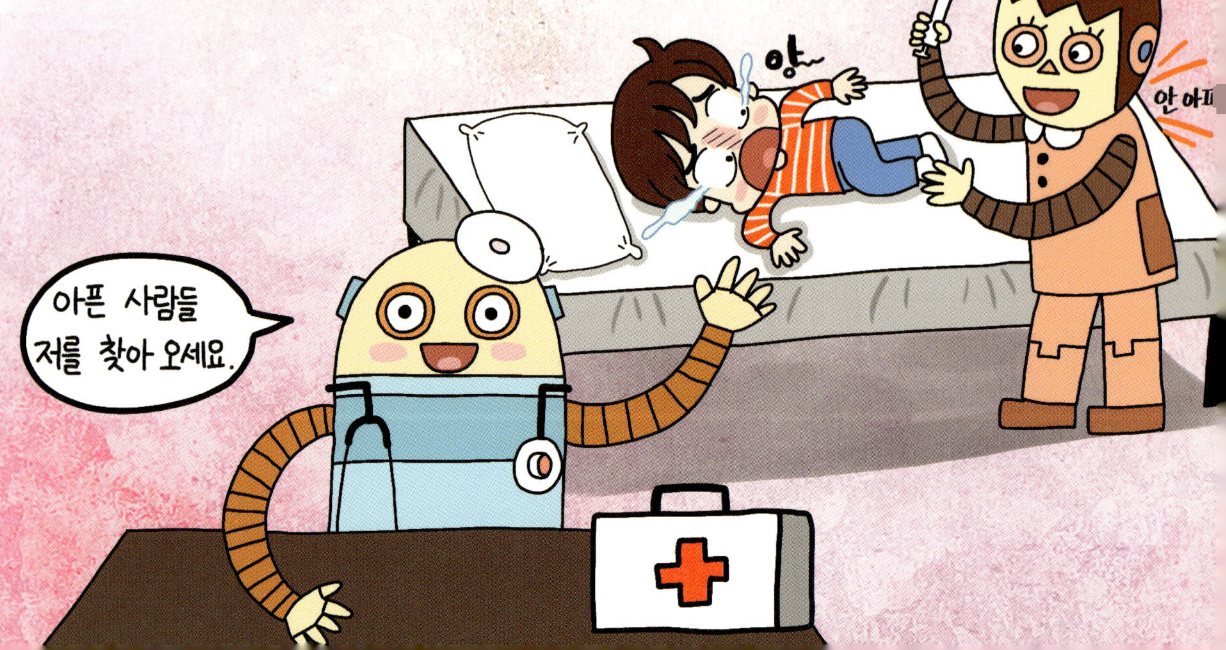

물론 아직까진 로봇이 사람을 대신해서 진료하거나 수술을 하는 경우는 많지 않아. 하지만 곧 인공 지능이 발달해서 로봇 혼자 힘으로 수술을 하는 세상이 오게 될 거야.

또, 요즘은 나노 기술을 이용한 로봇이 발달해서 몸속을 돌아다니면서 치료하는 로봇도 개발되고 있어.

심장 수술이라든지 암 수술처럼 큰 수술을 받을 때 1cm 정도의 작은 칼집만 내면 아주 작은 로봇이 몸속으로 들어가서 수술을 마치고 나오는 거야.

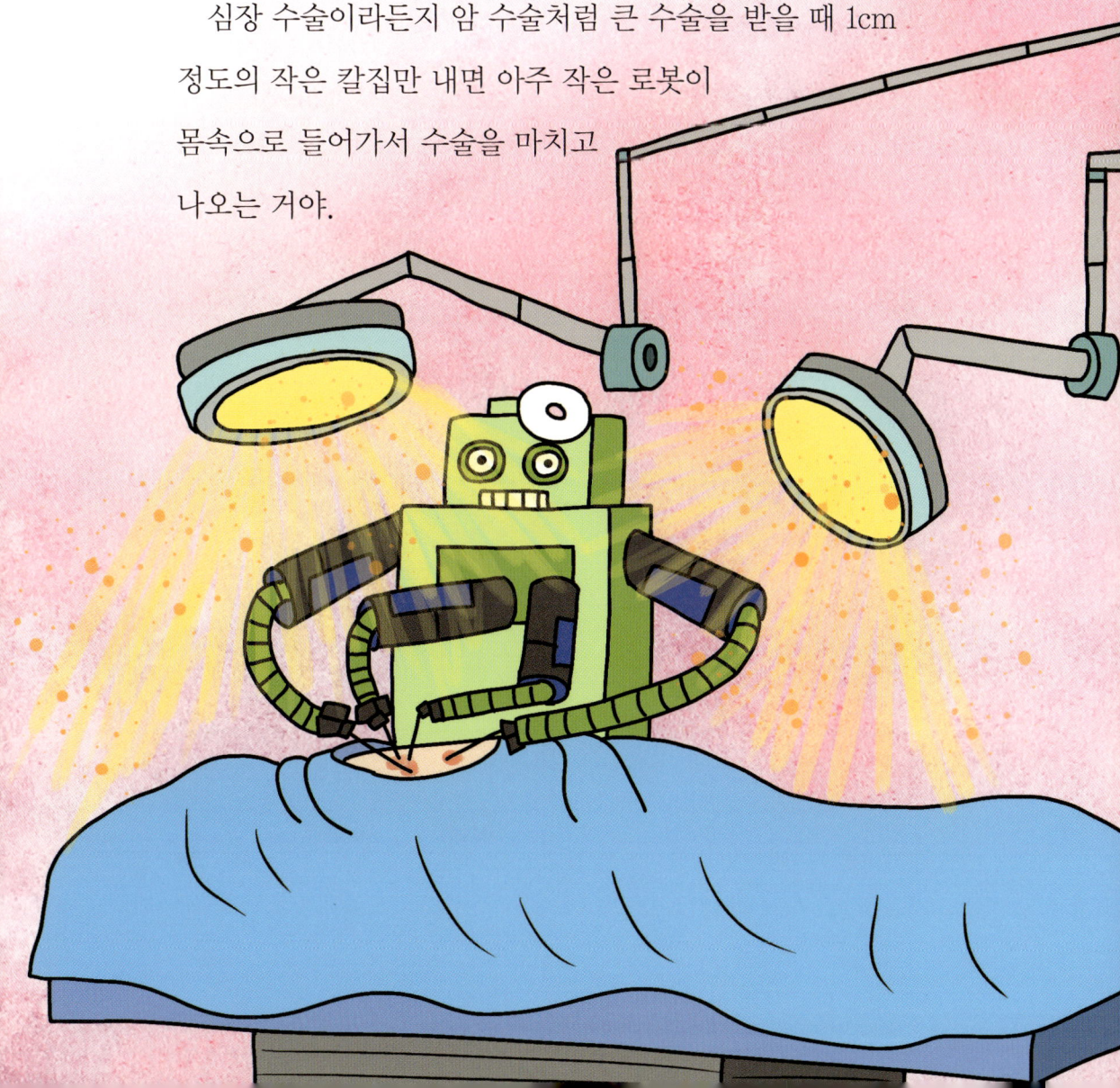

[구조대 로봇]

생명의 은인

| 6월 20일 목요일 | 날씨 햇님과 바람이 내기한 날 |

하늘을 날던 새가 물에 빠진 개미를 살려 주었다. 얼마 후 사냥꾼이 새를 총으로 쏘려고 하자, 개미는 은혜를 갚으려고 사냥꾼의 발을 깨물었다. 깜짝 놀란 사냥꾼은 총을 허공에 쏘고 말았고, 새는 무사할 수 있었다. 은혜는 꼭 갚아야 한다. 만약 로봇이 내 생명을 구해 주면 나는 어떻게 은혜를 갚아야 할까? 맛있는 기름을 사 주면 되나? 전기 요리를 선물해야 하나?

알짜배기 과학 상식

구조대원 로봇이 있다고?

 구조대 로봇 중에 가장 유명한 건 팩봇일 거야. 팩봇은 원래 전쟁터에 뛰어들어 폭탄을 해체하는 임무를 맡았지.

우와, 사람의 목숨을 살리는 고마운 로봇이로군요!

   2011년 3월, 일본에 대지진이 일어났어. 이때 원자력 발전소가 파괴되는 바람에 방사능이 쏟아져 나오게 되었단다. 방사능은 사람의 생명을 앗아갈 정도로 위험한 물질이야. 방사능 때문에 사람들은 사고 현장으로 들어갈 수조차 없었지.

   이때 누가 앞장서서 사고 현장을 수습했는지 아니? 바로 로봇이었단다. 사람이 갈 수 없는 장소에서 사람 대신 작업을 하는 로봇을 '극한 작업 로봇'이라고 불러.

극한 작업 로봇은 원자로, 무너진 건물, 깊은 바다 밑이나 우주 공간 등에서 작업을 하지. 또, 어떤 로봇은 이라크 전쟁과 아프가니스탄 전쟁 같은 위험한 일이 벌어지는 곳에서 폭발물을 탐지하고 해체하는 역할도 해.
　그밖에도 로봇들은 지진으로 인해 사람이 들어갈 수 없는 위험 지역이라든지, 불이 나서 도저히 진입이 불가능한 장소 같은 곳에 뛰어들어서 사람을 구하고 사고 현장을 수습하는 일도 도맡고 있지. 만약 이런 로봇들이 없다면 위험한 상황에서 현장을 수습하고 사람의 생명을 구하지 못할 거야.

[변호사 로봇]

자두의 재판

피고 자두는 장난감을 함부로 다룬 죄로 징역 100년에 처한다!

억울해요. 전 잘못을 저지르지 않았다고요!

그렇다면 너를 대신해 변호할 수 있는 변호사를 쓰도록 해.

벼, 변호사라고요? 누가 변호사예요?

바로 접니다. 재판관님, 자두는 장난감을 함부로 다룬 적은 없어요. 하지만 마구 괴롭힌 적은 있죠.

에잇, 순 엉터리 변호사!

| 6월 23일 일요일 | 날씨 비가 와서 집에만 있었다. |

엄마는 어렸을 때 공부를 아주 잘했다고 한다. 그래서 꿈이 변호사였다고 한다. 그런데 나를 키우느라 바빠서 꿈을 포기했다지 뭔가. 변호사는 미래 세상에서 없어질지도 모르는 직업이다. 만약 엄마가 꿈을 이뤄서 변호사가 됐다면 어땠을까. 아마 빈둥빈둥 노는 백수가 되었을지도 모른다. 나는 엄마가 백수가 되는 걸 막아 준 것이다. 푸하하!

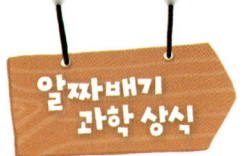

로봇이 변호사 역할도 대신한다고?

정말 변호사를 로봇이 대신하는 세상이 올까? 물론 복잡하게 얽히고설킨 어려운 사건 같은 경우엔 사람이 더 유리할 거야. 하지만 세상엔 그런 사건만 있는 게 아니잖니. 아주 간단하지만 변호사가 꼭 필요한 사건도 많아. 요즘은 그런 사건을 대신할 로봇 변호사가 인기를 끌고 있단다.

실제로 'JP모건'이라는 투자 회사에서는 변호사 로봇을 고용해서 계약서를 살펴보도록 했대. 그랬더니 수십만 건의 계약서를 단 몇 분 만에 분석하고, 새로 바뀐 법령을 곧장 적용할 수 있었다지 뭐야. 사람이 직접 살폈다면 몇 개월이 걸렸을지 모르지. 이때부터 JP모건에서는 계약서를 검토하는 업무는 로봇 변호사에게 맡기고 있대.

물론 반드시 사람이 필요한 부분도 있을 거야. 예를 들면 감정적인 부분을 이해해야 하는 사건이라든지, 지식이 아닌 창의성을 필요로 하는 사건의 경우가 그렇겠지.

하지만 그 외의 일은 로봇이 대신할 수 있는 시대가 다가오고 있는 거야.

 로봇이 변호를 맡는다면 여러 법률과 관련된 데이터를 단 몇 초 만에 적용할 수 있겠지?

그럼 재판이 눈 깜작할 사이에 끝나겠네요!

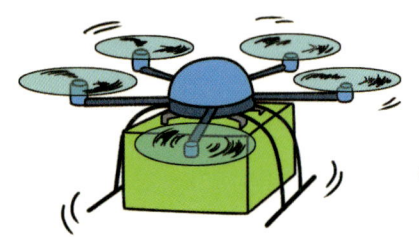

[드론의 활용]

산타가 보낸 드론

| 6월 28일 금요일 | 날씨 연 날리고 싶은 날 |

며칠 전부터 우리 집 앞에 이상한 벌레가 윙윙 소리를 내며 날아다녔다. 나는 파리채로 벌레를 잡으려고 했다. 그런데 엄마가 손을 휘휘 저으며 소리치셨다.

"안 돼, 그건 벌레가 아니라 드론이야!"

그 파리처럼 작은 것이 벌레가 아니라 사실 기계였다니! 그런데 그 드론을 누가 우리 집으로 보낸 것일까? 누가 조종을 한 것인지 꼭 밝혀야겠다.

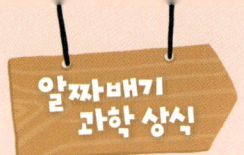

조종사 없이 날아가는 인공 지능 항공기가 있다고?

드론은 무선으로 조종할 수 있는 무인 항공기란다. 드론은 사람이 타고 있지 않아. 대신 멀리서 무선으로 조종을 하지. 드론은 사람이 직접 타지 않아도 움직일 수 있다는 점 때문에 크기도 마음대로 조절할 수 있어. 파리만큼 작은 것에서부터 사람을 태울 수 있을 만큼 큰 것까지 천차만별이지.

드론은 벌이 날아다닐 때 내는 윙윙거리는 소리를 뜻해. 작은 비행 물체가 날아다니는 모습을 보고 사람들이 붙인 이름이지. 드론은 원래 군사용으로 개발되었는데, 2000년대 중반부터는 일반인들도 사용하기 시작했어.

지진 현장을 보여 줘!

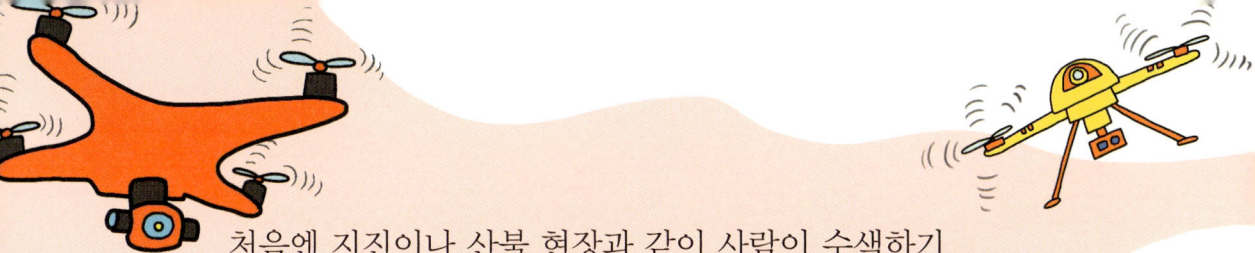

처음엔 지진이나 산불 현장과 같이 사람이 수색하기 어려운 곳에 투입하기 위해 드론을 사용했지. 요즘은 취미로 드론을 날리는 사람도 아주 많아졌단다.

드론 안에는 사람의 눈을 대신해 줄 카메라와 주변 상황을 감지할 수 있는 여러 가지 센서들, 사람이나 기계와 통신할 수 있는 무선 통신 시설이 들어가 있어. 그걸 이용해서 주변을 촬영하고, 사진을 컴퓨터로 전송하기도 하는 거야. 또 여러 가지 센서로 감지한 정보를 우리에게 보내 주기도 하지.

 최근 아마존이라는 쇼핑몰에서는 드론으로 배달을 하기 시작했다고 해. 덕분에 상품을 주문한 고객은 주문한지 13분 만에 물건을 배송 받았다지.

우와, 드론을 이용하면 우리 생활이 몰라보게 편리해지겠군요!

[스마트시티의 발전]

똑똑한 도시 사람들은 어떻게 살까?

| 7월 1일 월요일 | 날씨 그리 덥지 않았다. |

우리 가족은 스마트시티에 있는 집으로 이사를 왔다. 엄마는 똑똑한 도시에 살게 되니 모든 게 다 편리하고 좋다고 말씀하신다.
스마트시티에 살게 되니 음식물 쓰레기를 내놓는 날이 언제인지, 분리수거를 하는 날짜가 언제인지 자동으로 알려 주었다. 또 미세먼지가 심한지 덜한지도 자동으로 알려 주고, 차가 밀리는지, 어떤 도로로 가면 빠른지도 미리 다 알려 주었다. 덕분에 우리는 엄청 편해졌다.

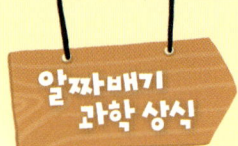

똑똑한 도시를 스마트시티라고 한다고?

스마트시티에서는 사물 인터넷을 이용해서 도시의 모든 것을 편리하게 통제하고, 조정할 수 있어. 예를 들어서 구급차가 긴급 환자를 이송해야 할 경우 스마트시티에서는 신호등을 조절해서 신호에 걸리지 않고 목표 지점까지 한 번에 이동할 수 있어. 또 사고가 일어나면 119와 112에 한꺼번에 신고가 되고, 주변 차량에 안내 메시지를 보내기도 하지.

스마트시티 시스템은 도시의 주요 시설뿐 아니라 도시에 살고 있는 사람과도 네트워크로 연결되기도 해. 위급한 상황이 발생하면, 사람들에게 개별로 연락해 소통을 할 수 있도록 말이야. 사람들은 나의 상황에 맞게 전달되는 스마트시티의 메시지를 보며, 도시가 마치 나를

역시 스마트시티군. 구급차를 위해 신호등이 재빨리 바뀌네.

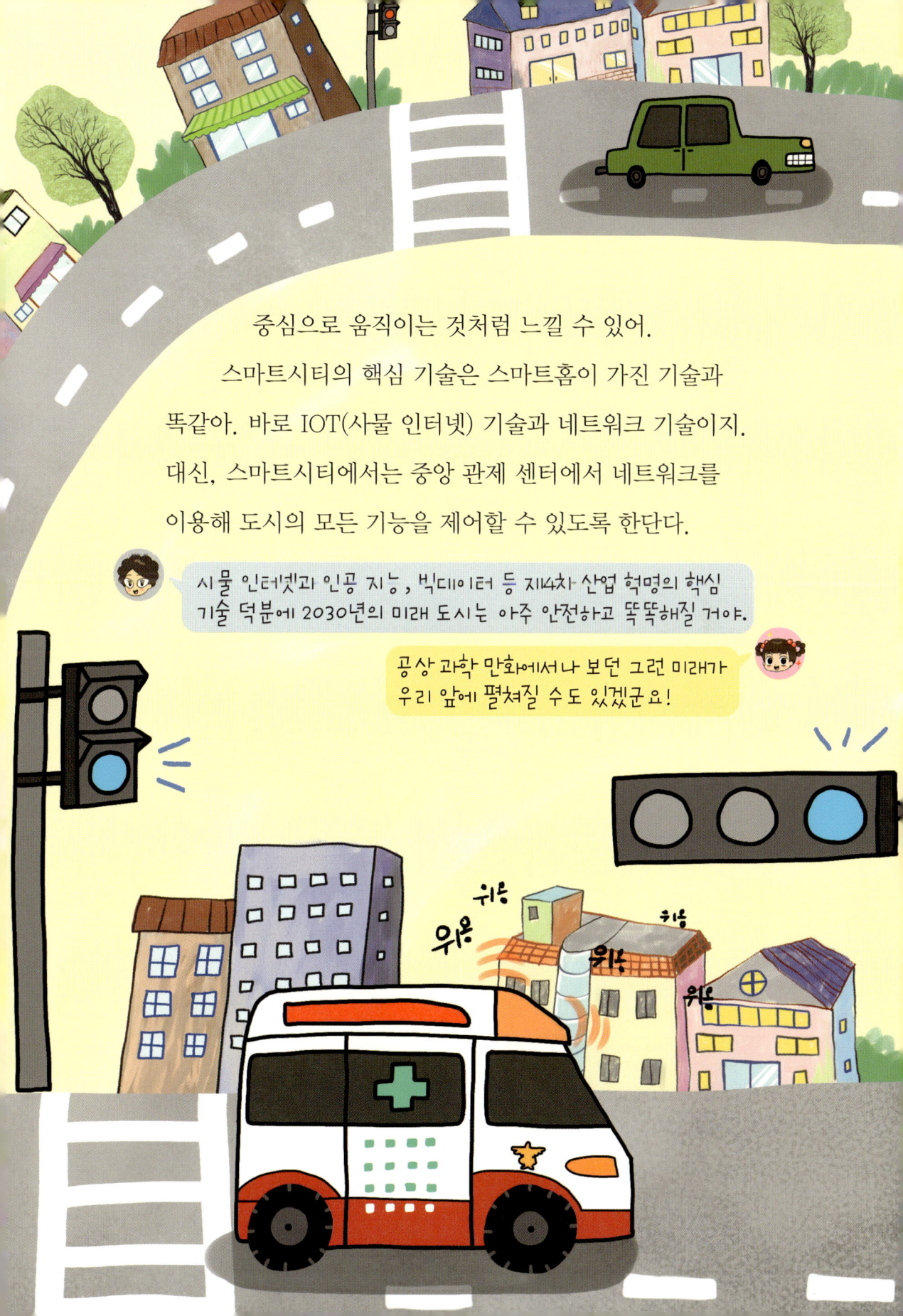

중심으로 움직이는 것처럼 느낄 수 있어.

스마트시티의 핵심 기술은 스마트홈이 가진 기술과 똑같아. 바로 IOT(사물 인터넷) 기술과 네트워크 기술이지. 대신, 스마트시티에서는 중앙 관제 센터에서 네트워크를 이용해 도시의 모든 기능을 제어할 수 있도록 한단다.

사물 인터넷과 인공 지능, 빅데이터 등 제4차 산업 혁명의 핵심 기술 덕분에 2030년의 미래 도시는 아주 안전하고 똑똑해질 거야.

공상 과학 만화에서나 보던 그런 미래가 우리 앞에 펼쳐질 수도 있겠군요!

[전투 로봇의 발전]

나 대신 싸워 줘!

| 7월 3일 수요일 | 날씨 본격적인 여름의 시작! |

선생님이 요즘은 전쟁을 할 때 로봇을 이용해 대신 싸운다고 말씀하셨다. 나는 그 말을 듣고 솔깃했다. 나중에 힘센 아이랑 싸울 때 로봇이 나 대신 싸워 줄 수도 있겠지? 가만, 그 아이도 로봇을 데리고 나오면 어떡하지? 그러면 로봇은 로봇끼리 싸우고 우린 우리끼리 싸우게 되는 게 아닐까?

알짜배기 과학 상식

사람을 대신해 싸우는 로봇이 있다고?

 예전엔 사람들이 직접 적군에게 총을 쏘고, 공격을 했어. 하지만 요즘은 달라. 대부분 로봇이 전쟁에 투입되고 있단다. 사람들은 로봇을 조종하는 일만 하지.

 요즘은 기술이 발달해서 사람 대신 알아서 판단하고, 알아서 결정을 하는 로봇도 많대요.

로봇이 사람을 대신해서 전쟁을 한다니, 무척 놀랍지? 정말이란다. 요즘은 총칼을 들고 싸우는 대신 로봇을 이용해서 적군의 무기를 파괴하고, 공격을 하고, 지뢰를 없애고, 폭탄을 던지기도 하지. 대표적인 전투 로봇으로는 크루즈미사일을 꼽을 수 있어.

크루즈미사일은 형태가 로봇처럼 생기진 않았지만, 자기 스스로 날아가면서 판단하고 공격을 하는 로봇이란다.

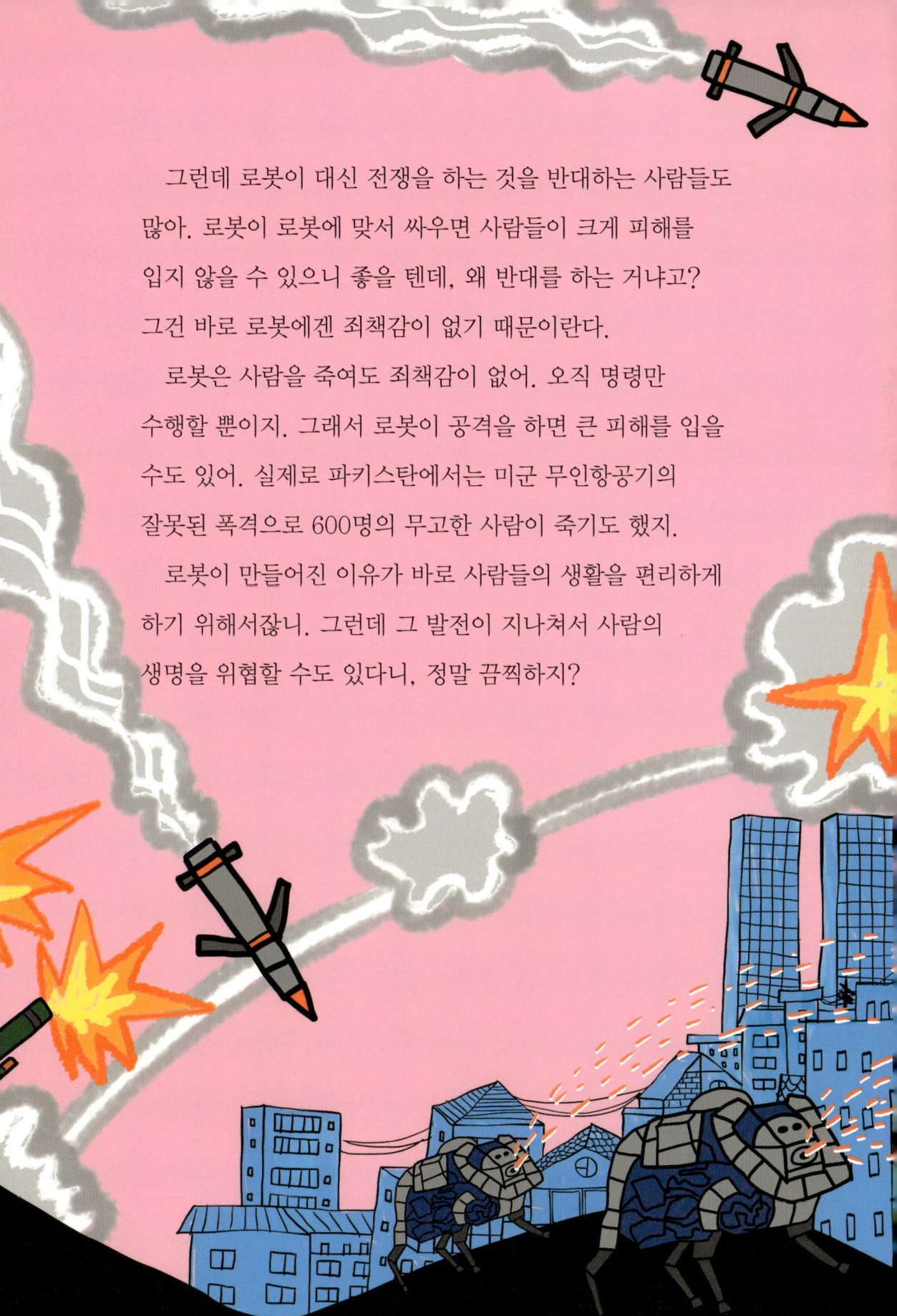

그런데 로봇이 대신 전쟁을 하는 것을 반대하는 사람들도 많아. 로봇이 로봇에 맞서 싸우면 사람들이 크게 피해를 입지 않을 수 있으니 좋을 텐데, 왜 반대를 하는 거냐고? 그건 바로 로봇에겐 죄책감이 없기 때문이란다.

로봇은 사람을 죽여도 죄책감이 없어. 오직 명령만 수행할 뿐이지. 그래서 로봇이 공격을 하면 큰 피해를 입을 수도 있어. 실제로 파키스탄에서는 미군 무인항공기의 잘못된 폭격으로 600명의 무고한 사람이 죽기도 했지.

로봇이 만들어진 이유가 바로 사람들의 생활을 편리하게 하기 위해서잖니. 그런데 그 발전이 지나쳐서 사람의 생명을 위협할 수도 있다니, 정말 끔찍하지?

인공 지능의 위험성

컴퓨터 대왕을 막아라!

7월 5일 금요일 | 날씨 머리에서 열이 난 날

컴퓨터가 자꾸 에러가 났다. 게임을 하는데 중요한 순간마다 에러가 나서 지고 말았다. 나는 너무 화가 나서 컴퓨터를 툭 때렸다. 그랬더니 아예 켜지지 않았다. 나는 화가 나서 계속해서 컴퓨터를 퉁퉁 쳤다. 그랬더니 마침내 컴퓨터가 정상으로 작동하기 시작했다. 음하하, 이번 전쟁에서 내가 이긴 것이다.

인공 지능이 사람을 공격할 수도 있을까?

선생님, 만약 인공 지능이 발달해서 사람을 공격할 수도 있나요?

영화나 만화에서는 컴퓨터가 사람을 지배하는 일이 벌어지곤 하지. 그런데 그건 인간의 상상일 뿐이야. 실제로 그런 세상은 올 수 없어.

왜 인공 지능이 지배하는 세상이 오지 않는다고 자신 있게 말할 수 있느냐고? 왜냐하면 인공 지능이 알파고처럼 학습 과정을 거쳐 발달할 수는 있겠지만, 그것은 인간이 설정해 둔 범위 안에서만 가능하기 때문이야.

간단히 말해서 알파고는 바둑만 할 수 있도록 프로그래밍

되었기 때문에 바둑밖에 할 수가 없어. 다른 것은 학습하지 않았기 때문에 할 수가 없단다.

　인공 지능은 빅데이터를 이용해서 사람이 직접 풀려면 1년 이상 걸리는 두꺼운 수학 문제집을 단 1초 만에 계산해 낼 수 있는 무서운 존재지. 그러나 그 방법을 인간이 가르쳐 주지 않으면 절대 풀 수가 없어.

　혹시 나쁜 의도를 가진 사람이 인공 지능에게 못된 범죄 방법을 가르쳐 주면 어떡하느냐고? 물론 그럴 가능성도 있지. 하지만 중요한 건 그 방법 역시 사람이 가르쳐 준 것이기 때문에 절대 사람을 능가할 수는 없다는 거야.

내가 가르쳐 준 거야!

4장

인공 지능과 연결되는 인간의 몸과 사이보그

01 강아지의 주인 찾기
전자 칩을 몸속에 넣기만 하면 병을 일 수 있다고?

02 꿈인가 생시인가!
증강 현실이랑 가상 현실은 다른 거라고?

03 진짜 자두를 찾아라
눈동자로 누군지 구분할 수 있다고?

04 엉터리 마술사
인공 지능과 내 뇌를 연결한다고?

05 맞춤형 아기가 되고 싶어!
누구나 천재를 낳을 수 있다고?

[생체 칩의 발달]

강아지의 주인 찾기

| 7월 6일 토요일 | 날씨 바람이 딱 한 번 분 날 |

민지가 강아지를 키우게 됐는데 동물병원에 가서 칩을 집어넣어야 한다고 했다. 그러면 강아지를 잃어버리더라도 위치를 추적해서 찾을 수 있다는 것이다. 또 강아지가 주사를 몇 번 맞았는지도 확인할 수 있다고 한다. 엄마는 내가 어디서 뭘 하고 놀다 왔는지 귀신같이 알아챈다. 혹시 우리 엄마가 내 몸속에 칩을 넣어 둔 건 아닐까?

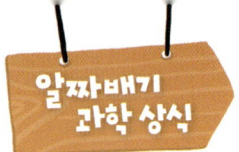

전자 칩을 몸속에 넣기만 하면 병을 알 수 있다고?

최근 들어 몸 안에 집어넣을 수 있는 작고 다양한 장치들이 개발되고 있어. 이러한 전자 칩은 특히 의료 분야에서 크게 발전했지. 어떤 제약 회사에서 만든 스마트 필이라는 약은 몸속에 칩을 넣어 두면 약이 어떻게 아픈 부위를 치료하는지 바로 확인할 수 있다고 해. 약이 효과가 있는지, 어떤 부분을 더 치료해야 하는지 한눈에 알 수 있도록 해 주는 것이지.

또 몸속에 칩을 넣어 두면 환자의 몸 상태가 자동으로 병원에 전달되기도 한대. 환자가 위험한 상황에 처하거나 상태가 악화되면 자동으로 병원으로 연락이 되는 것이지.

이미 우리 주변에서 생체 칩은 널리 활용되고 있어.

강아지 같은 동물의 몸속에다 전자 칩을 넣는 게 좋은 예일 거야. 동물이나 가축의 몸에 칩을 삽입해 두면 동물의 주소, 태어난 곳, 나이, 질병을 앓고 있는지 여부 등을 쉽게 확인할 수 있지.

앞으로 사람의 몸에 삽입하는 전자 칩은 점점 발달하게 될 거야. 보관할 수 있는 데이터의 양도 점점 커지겠지. 어쩌면 앞으로는 신용카드 정보를 비롯한 각종 카드나, 통신 장비, 열쇠 같은 걸 들고 다니는 대신 신체에 넣고 다니는 세상이 올지도 몰라.

스웨덴에는 이미 약 2만여 명의 사람들이 몸에 마이크로 칩을 집어넣은 상태라고 해. 마이크로 칩을 이용해서 전자티켓을 발권 받기도 한대.

우와, 그냥 검색대를 통과하기만 해도 내 이름, 나이, 주소 같은 걸 다 알 수 있다는 거잖아요!

전에는 기생충이 많이 있었네.

괜찮나요?

가상 현실과 증강 현실의 세계

꺄~ 꿈인가 생시인가!

| 7월 10일 수요일 | 날씨 비가 왔으면 좋겠다! |

우리 할머니는 가끔 이게 꿈인가 생시인가 하고 말씀하신다. 아마 우리 할머니도 나처럼 가상 현실 게임을 좋아하는 것 같다. 왜냐하면 나도 가상 현실 게임을 할 때는 꼭 현실 같아서 헷갈릴 때가 있기 때문이다. 할머니가 하는 게임이 뭔지 꼭 물어봐야겠다. 할머니랑 같이 게임을 하면 정말 재미있을 것 같다.

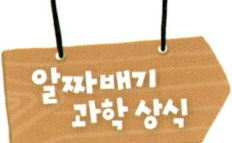

알짜배기 과학 상식

증강 현실이랑 가상 현실은 다른 거라고?

가상 현실 장치는 원래 군사 훈련용으로 개발된 것이지. 그런데 지금은 게임을 비롯해, 교육이나 훈련에 이용하기 위한 다양한 콘텐츠가 개발되고 있단다.

가상 현실 장치를 장착하면 우리는 마치 컴퓨터 속 세상이나 상상 속 세상에 들어가 있는 것처럼 느낄 수 있어. 여기에 고글이나 장갑, 헤드폰 등 여러 가지 가상 현실 장치를 사용하면 눈뿐 아니라 귀나, 손으로도 진짜처럼 느낄 수 있지.

그렇다면 증강 현실이란 무엇일까? 가상 현실이 상상 속의 세상을 나타내는 것이라면 증강 현실은 현실 세계를 꾸며 주는 것이라 할 수 있어요. 즉 현실에 새로운 정보를 덧대도록 만드는 기술이지. 예를 들어 사람의 얼굴을 카메라로 비추면, 그 사람의 정보가 뜬 다거나, 특정 건물을 스마트폰으로 찍으면 그 건물의 각 층에 무엇이 있는지 알려 주는 것이 바로 증강 현실이란다.

예전에는 현실 세계의 이미지에 원하는 정보를 덧붙여 보는 시각형 증강 현실이 많았어. 옷을 직접 입어보지 않고도 나에게 새로운 옷을 입힌 다거나 머리 모양을 마음대로 바꾸기도 했지. 요즘은 증강 현실이 발달해서 향기도 느낄 수 있고, 촉감도 느낄 수 있단다.

포켓몬고는 증강 현실을 이용한 게임이지. 현실에다 게임 캐릭터를 더한 것이거든.

맞아요, 휴대폰을 이용해서 화면을 보면 포켓몬이 보인다는 게 정말 신기하고 재미있었어요!

[생체 인식 시스템]

 진짜 자두를 찾아라

| 7월 13일 토요일 | 날씨 에어컨에 손댔다 혼난 날 |

우리 할아버지에겐 아주 중요한 보물이 많다. 할아버지는 그것을 금고에다 꽁꽁 숨겨 놓고 자물쇠를 몇 개나 걸어두신다. 그런데 할아버지의 금고는 누구든 마음만 먹으면 열어 볼 수 있다. 할아버지가 매일 열쇠를 깜빡하고 다니기 때문이다. 내가 만약 할아버지라면 금고 열쇠를 홍채 인식으로 바꾸겠다. 그러면 아무도 열어 보지 못할 텐데.

알짜배기 과학 상식

눈동자로 누군지 구분할 수 있다고?

 사람은 지문뿐 아니라 눈동자의 모양이나 걸음걸이, 손 등의 정맥, 입술 무늬 등도 저마다 다르단다.

 우와, 이런 특징을 잘 이용하면 사람을 식별하는 중요한 도구가 되겠군요?

　영화에서는 악당들이 비밀 연구소로 들어갈 때 출입이 통제된 문 앞에다 눈동자를 바짝 갖다 대지. 그러면 스캐너가 홍채를 확인한 뒤 문을 열어 주곤 해. 요즘은 눈동자뿐만 아니라 걸음걸이, 손등 정맥까지도 본인 확인 방식으로 쓰이고 있지. 이것을 생체 인식 시스템이라고 해.

　생체 인식 시스템이란 사람 몸의 정보를 읽고 분석하는 기술을 말해. 생체 인식을 통한 보안은 은행이나 병원, 기술 기업 등 정보 관리가 중요한 곳에서 다양하게 이용되고 있지.

　지금은 은행에서 돈을 이체시킬 때 보안 카드와 비밀번호를 이용하지만 머지않아 카메라에 눈동자를

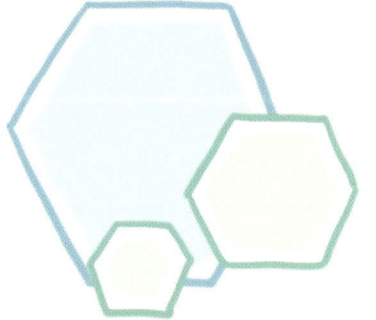

출입 가능자

대고, 자신이 맞다는 것을 증명해야 할 거야.
　　생체 인식 기술은 단순히 몸의 특징을 포착해 내는 데 그치지 않고 더욱 다양한 방법으로 발전하고 있어. 눈동자의 움직임을 포착하여 모니터의 커서를 움직인다거나 글씨를 입력하는 방법이 연구되고 있지. 자동차 회사에서는 눈꺼풀의 움직임을 파악하여, 졸음 방지 시스템에 이용할 계획이라고 해.

뇌 인터페이스 기술

엉터리 마술사

7월 19일 금요일 | 날씨 교실 밖은 위험해!

운동장을 뛰었더니 목이 말랐다. 나는 시원한 물을 마시고 싶다고 생각했다. 그러자 윤석이가 잽싸게 물을 갖다 줬다. 맛있는 빵이 먹고 싶었다. 그러자 돌돌이가 먹을 것을 나눠 줬다. 뭐든 생각만 하면 이뤄지다니, 정말 신기했다. 그래서 시험 시간에 민지를 보며 답을 알려 달라고 생각했다. 하지만 민지는 끝까지 움직이지 않았다. 이럴 줄 알았으면 공부나 더 할걸.

알짜배기 과학 상식

인공 지능과 내 뇌를 연결한다고?

지금까지 사람은 뇌에서 생각한 것은 손이나 발이 대신 실행을 했지. 컴퓨터 게임을 해 볼까 하고 생각하면 손이 컴퓨터를 켜고, 마우스를 클릭하는 거야. 그런데 뇌 인터페이스 기술을 이용하면 손의 도움 없이도 머릿속에서 생각한 것을 컴퓨터가 실행하도록 만들 수 있어.

그게 어떻게 가능하냐고? 사람의 생각을 읽어 내는 방법에는 여러 가지가 있거든. 뇌 속에 뇌신경을 감지할 수 있는 장치를 집어넣어 감지할 수도 있고, 뇌가 보내는 신호를 측정할 수 있는 장치를 이용할 수도 있지.

그런데 뇌파를 측정하기 위해서는 장치가 필요해. 이건 어렵지 않단다. 헬멧이나 헤드밴드와 같은 모양을 갖고 있어서 머리 위에 쓰기만 하면 되거든. 그러면 헤어밴드나 헬멧에서 뇌파를 측정해 무선으로 연결된 컴퓨터나 기계에 보내게 되고, 기계와 컴퓨터는 사람이 생각한 작업을 수행하게 되는 거야.

아직은 아주 간단한 형태의 작업만 가능하지만 곧 키보드나 마우스 없이도 컴퓨터에 글자를 입력하고, 필요한 프로그램을 실행시킬 수 있을 것이라 기대하고 있어.

 요즘은 뇌파뿐 아니라 눈동자로도 컴퓨터를 움직일 수 있어. 사람의 눈동자를 따라 움직이는 마우스, 목소리로 작동되는 기기 등 좀 더 편리하게 사용할 수 있는 방법이 속속 등장하고 있지.

 그럼 몸을 움직이지 못하는 사람도 컴퓨터를 이용할 수 있겠네요?

[디지털 생명 과학]

맞춤형 아기가 되고 싶어!

| 7월 23일 화요일 | 날씨 서울이냐, 사하라냐? |

미미한테는 쌍꺼풀이 있는데 나는 쌍꺼풀이 없다. 미미는 곱슬머리가 아닌데 나는 곱슬머리다. 생각해 보니 좋은 유전자는 동생인 미미가 다 가져가고 나는 나쁜 것만 가져온 것 같다. 으악, 약이 올라 죽겠다. 어째서 내가 고른 건 전부 다 꽝인 걸까?

알짜배기 과학 상식

누구나 천재를 낳을 수 있다고?

유전자 관련 연구는 엄청난 연구비가 들어서 쉽게 진행할 수 없었어. 2003년 사람의 유전자 지도를 처음 밝힐 때만 해도 자그마치 27억 달러의 비용이 들었지. 생각해 봐. 사람의 DNA에는 약 32억 쌍의 염기 서열과 4만여 개의 유전자가 들어 있어. 그걸 분석하려면 얼마나 많은 인력과 시간이 필요하겠어?

그런데 최근엔 디지털 기술의 도움으로 쉽게 실험을 할 수 있게 되었단다. 컴퓨터와 빅데이터 분석 등 디지털 기술이 발달하면서 빠르고 정확하게 분석하는 것이 가능해졌거든. 덕분에 유전 공학이 크게 발전하게 되었지.

착한 유전자
운동 유전자
키크 유전자
똑똑한 유전자
예쁜 유전자

유전자를 잘만 연구하면 사람의 건강과 생명 연장에 큰 도움이 될 수 있어. 예를 들면 혈우병 환자의 유전자에서 병을 일으키는 유전자만 오려내는 거야. 그러면 대대로 유전병인 혈우병을 앓던 사람에게서도 건강한 아기가 태어날 수 있지.

이 기술은 더 나아가 부모의 유전자 중 원하는 유전자 성질만 추려내 맞춤 아기를 만드는 것도 가능하게 해 줘. 하지만 유전자 편집에 대해서는 아직 논란이 많단다.

사람이 사람을 마음대로 디자인힐 권한이 있는지, 유진자 조작으로 태어난 아이의 인권은 누가 보장해 줄 것인지 등 윤리적인 논쟁이 끊이지 않고 있는 거야.

만약 태어날 아기의 유전자를 내 마음대로 고를 수 있다면 난 똑똑하고, 예쁘고, 착하고, 운동도 잘하는 아이를 낳을 거예요.

누구나 다 그런 생각을 하겠지. 그러다 보면 인류는 천재만 태어날 거야.

경제를 놀이처럼 쉽고 재미있게!
스마트한 세 살 경제 습관이 여든 간다!

아빠가 알려 주는 경제 이야기

부자가 되고 싶다고요?
자유롭게 돈을 쓰면서 살고 싶다고요?
《태토의 부자 되는 시간》에는
부자가 되는 비밀이 들어 있어요!
똑똑한 경제 동화가 미래의 나를
부자로 만들어 줄 거예요!

어른도 아이도 재미있는 경제보드게임
미래의 부자를 꿈꾸며 재미있는 게임 한 판!

카드 게임도 하고
속담, **고사성어**, **국기**도 익히고!

신비아파트 학습 보드게임

www.haksanpub.co.kr (주)학산문화사 문의 02-828-8962